Die Biene Maja

Die schönsten Geschichten zum Vorlesen

MIX
Papier | Fördert gute Waldnutzung
FSC www.fsc.org FSC® C111262

7 6 5 4 3

Postfach 2460 · D-88194 Ravensburg

Text: Carla Felgentreff und Steffi Korda
Lektorat: Steffi Korda, Büro für Kinder- und Erwachsenenliteratur, Hamburg
Gestaltung: Antje Warnecke, nordendesign.de
Printed in Germany
ISBN 978-3-473-49640-2
ravensburger.com

Nach Waldemar Bonsels „Die Biene Maja“

studio100.com
Design: Jan Van Rijsselberge
Skriptentwicklung: Delphine Maury and Théo de Marcousin
Regie: Daniel Duda and Jérôme Mouscadet
Basierend auf den TV-Folgen „Eine königliche Pause“ in Zusammenarbeit mit Joël Couttausse, „Ferdinand“ in Zusammenarbeit mit Pascal Stervinou, „Lara lässt es regnen“ in Zusammenarbeit mit Nicolas Chretien und Sylvie Riviere, „Edgar, die Pechbiene“ in Zusammenarbeit mit Sylvie Riviere, „Libellen-Luftpost“ in Zusammenarbeit mit Coline Abert und Catherine Guillot-Bonte und „Eine Überraschung für Maja“ in Zusammenarbeit mit Tony Scott und Pascal Mirleau.

Inhalt

Eine königliche Pause

Als Maja morgens die Augen aufschlägt und noch etwas müde aus ihrer Blüte blinzelt, ist etwas anders als sonst: Plüschige zarte Samen schweben über der Klatschmohnwiese. Maja ist bezaubert. Wie sonnenschön!
Sofort fliegt sie zu ihrem Freund, dem Grashüpfer Flip. Der macht gerade seine Morgengymnastik: Er springt und dehnt und streckt sich.

„Einen honigsüßen guten Morgen, Flip!", ruft Maja. „Komm schnell. Es hat schon angefangen!"
„Wovon redest du?", fragt Flip. „Du bist ja ganz aufgeregt."
„Die Pappeln", erklärt Maja ungeduldig. „Ihre Samen tanzen durch die Luft. Das müssen wir uns angucken!"
„Gerne, Maja", erwidert Flip, während er seine vier Arme lockert. „Aber später. Jetzt muss ich meinen Frühsport machen, damit ich nicht einroste."
Doch später ist zu spät. Die Pappelsamen fliegen nun mal jetzt! Wenn Flip keine Zeit hat, fragt Maja eben Willi. Die kleine Biene saust zum Bienenstock.

Dort summt und brummt es wie immer. Emsige Arbeitsbienen fliegen umher und gehen ihren Aufgaben nach. Nur einer schnarcht noch zufrieden vor sich hin: Willi. Stattdessen findet Maja eine unerwartete Gefährtin für ihr kleines Abenteuer. Die Königin hat gerade eine Besprechung mit Frau Kassandra und vielen anderen Arbeitsbienen. Alle reden durcheinander und wollen etwas von ihr: Neue Waben für den Kindergarten, den Flugplan für die Spurbienen, die neue Nektar-Mixtur, die Lagerkontrolle, den Ausbau des Bienenstocks ... Der Königin schwirrt der Kopf. Alles soll sie entscheiden! Da kommt es ihr gerade recht, dass sie durchs Fenster Maja entdeckt.

„Hallo, Frau Königin!“, ruft Maja fröhlich. „Sehen Sie das? Ist das nicht wundervoll?“
Ja, die Königin sieht die Pappelsamen. Und sie findet das Spektakel über der Klatschmohnwiese viel spannender als ihre Besprechung.
„Alles perfekt“, sagt sie zu den Arbeitsbienen. „Wirklich, alles ganz wunderbar. Ich bin bald wieder zurück.“ Damit macht sie sich auf den Weg zu Maja.
„Aber, Euer Majestät!“, ruft Frau Kassandra ihr verwirrt hinterher. Die Bienenkönigin ist noch nie mitten in einer Besprechung davongeflogen. „Wo wollt Ihr denn hin?“
„Nur etwas frische Luft schnappen“, sagt die Königin. „Es dauert auch nicht lange.“
„Ihr wollt nach draußen?“, fragt Frau Kassandra erschrocken. „Ohne Wachen? Euer Majestät, das ist viel zu gefährlich!“
Doch die Königin ist schon hinausgeschwirrt. Aufgeregt plappern die Arbeitsbienen durcheinander. Wer soll denn nun über die Nektar-Mixtur und die neuen Waben für den Kindergarten entscheiden?

„Und was sag ich jetzt dem Bienenstock?“, fragt sich auch Frau Kassandra und seufzt. „Geht euren Aufgaben nach, so wie immer“, weist sie die Arbeitsbienen an. Ob das gutgeht?
Draußen vor der Wabe freut Maja sich über ihre Begleitung.
„Oh, Frau Königin, das ist ja schön!“, ruft sie glücklich. „Danke, dass Sie mitkommen!“
„Äh, ich weiß nicht“, sagt die Königin zögerlich. Ist es wirklich eine gute Idee, die Arbeitsbienen allein im Bienenstock zu lassen?
„Wir tanzen mit den Pappelsamen“, versucht Maja, sie zu überreden. „Das wird Ihnen gefallen. Kommen Sie, Frau Königin!“
„Aber ... aber ist das denn nicht gefährlich?“, fragt die Bienenkönigin.
„Nein“, beruhigt Maja sie. „Die Pappelsamen sind ganz flauschig! Sie sind schön wie Schneeflocken im Frühling!“ Was soll da schon passieren?
„Ich sollte lieber wieder zurückgehen“, sagt die Königin. „Ich habe noch viel zu erledigen.“
Dann macht sie eine kurze Pause. „Tanzen mit den Pappelsamen, hast du gesagt?“
„Ja, genau. Wollen wir los? Nur eine Minute.“
Die Königin lacht. „Aber nur für einen Augenblick.“
Hand in Hand fliegen die beiden über die Klatschmohnwiese.

So ausgelassen hat Maja die Bienenkönigin noch nie gesehen. Sie macht sogar einen Looping!
„He, hallo, Maja!", hören sie jemanden von unten rufen. Es ist Mistkäfer Ben. „Sieh mal, ich habe einen nagelneuen Balli gemacht!" Auf seine Mistbälle ist Ben immer besonders stolz.
„Toll!", ruft Maja ihm zu und wendet sich dann an die Königin: „Kommen Sie, ich muss Ihnen jemanden vorstellen." Sie zieht die Königin einfach hinter sich her. „Euer königliche Hoheit, die Bienenkönigin, erlaubt mir, dass ich Euch meinen Freund Ben vorstelle. Den besten Ballroller der Welt." Sie lacht.
Ben gibt der Bienenkönigin einen eleganten Handkuss, dann zeigt er ihnen Kunststücke auf seinem Mistball. Er kann auf ihm fahren wie auf einem Skateboard. Sogar eine Rampe gibt es. Maja und die Königin klatschen begeistert.
Aber als Ben der Königin anbietet, selbst einmal auf dem Mistball zu skaten, lehnt sie doch lieber ab. Eigentlich hat sie ja auch gar keine Zeit. Sie sollte längst wieder im Bienenstock sein!
Maja hingegen hat noch lange nicht genug. Gerade entdeckt sie ihre Freundin Beatrix, das Schmetterlingsmädchen mit den wunderschön gemusterten Flügeln. „Beatrix", ruft sie ihr zu. „Komm und zeig der Königin, wie schön du tanzen kannst!"

Und das tut Beatrix. Anmutig fliegt sie ein paar Pirouetten und landet dann mit einem Knicks vor der Bienenkönigin.
„Bravo!“, ruft die Königin beeindruckt. „Ich wusste gar nicht, dass es auf unserer Wiese so viele Talente gibt.“
Beatrix reicht ihr die Hand – und zieht sie im nächsten Moment mit sich in die Lüfte, um gemeinsam mit ihr zu tanzen. Wunderschön sieht das aus!
Da landet Grashüpfer Flip mit einem großen Satz neben Maja. „Das ist doch die Bienenkönigin?“, sagt er verwundert. „Was macht Ihre Majestät hier, Maja?“
„Oh, sie tanzt mit Beatrix“, erklärt Maja, was Flip natürlich längst gesehen hat.
Verwundert ist er dennoch. „Hier? Auf der Wiese? Das überrascht mich. Ohne Königin ist der Bienenstock absolut ...“ Weiter kommt er nicht, denn Maja hält es nicht mehr am Boden. Sie fliegt hoch zu Beatrix und der Königin und tanzt mit ihnen im Kreis. Die drei lachen laut und glücklich.

Flip macht sich Sorgen. Wie die Bienen im Bienenstock wohl ohne die Königin zurechtkommen?
Tatsächlich geht es im Bienenstock inzwischen ziemlich wild zu. Zunächst erfindet Frau Kassandra Ausreden, warum die Königin die Besprechung so plötzlich verlassen hat. Doch die anderen Bienen sind nicht überzeugt und machen sich auf die Suche nach ihr. „Hat jemand unsere Königin gesehen?", ruft eine der männlichen Arbeitsbienen so laut, dass der ganze Stock es hört. Für einen Moment wird es still. Alle Arbeitsbienen halten inne. Sie schütteln ihre Köpfe. Niemand weiß, wo die Königin ist. „Das bedeutet, die Königin ist verschwunden!", ruft eine Biene, und dann bricht ein riesiges Chaos aus. Ohne ihre Königin wissen die Bienen gar nicht, was sie tun sollen, und fliegen panisch durcheinander.
Nur Frau Kassandra bewahrt einen kühlen Kopf und versucht, die Bienen zu beruhigen. „Sie kommt bald zurück", ruft sie. „Bitte! Es besteht kein Grund zur Panik!"
Ruhiger werden die Arbeitsbienen wirklich irgendwann – doch statt weiter zu arbeiten, tut jede Biene, was sie will. Es wird getrunken, gespielt und gefaulenzt.
Apropos faulenzen ... jetzt wacht auch die letzte Biene im Bienenstock auf: Willi. Verwundert sieht er sich um.

„Willi!“, ruft Frau Kassandra, als sie ihn entdeckt, und fliegt schnell zu ihm.
„Ist das hier so eine Art Faulheitswettbewerb?“, fragt Willi sie.
Doch Frau Kassandra hat keine Zeit für lange Erklärungen. „Die Königin hat den Bienenstock verlassen“, sagt sie nur. „Finde sie und bring sie zurück!“ Damit schiebt sie ihn hinaus.
„Aber wo soll ich sie denn suchen?“, fragt Willi.
„Sie ist mit Maja weggeflogen. Und deine beste Freundin findest du doch immer, oder?“
Da hat sie natürlich recht. „Maja finden“, sagt Willi immer noch gähnend. „Das mach ich doch im Schlaf.“

Auf der Klatschmohnwiese lässt die Königin sich nach dem Tänzchen lachend auf einer Blüte nieder. „Oh, so gut hab ich mich schon seit Ewigkeiten nicht gefühlt!“ Doch im nächsten Moment fällt ihr der Bienenstock wieder ein. Jetzt muss sie aber wirklich zurück!
Maja hält ihr ein paar Pappelsamen unter die Nase. „Aber das Beste kommt doch noch!“
„Ähm, also schön“, willigt die Königin ein. „Aber schnell, ja?“
Wie der Wind fliegt Maja voran zu den Pappeln, unter denen sich besonders viele flauschige Samen tummeln.
„Oh Maja, das ist wunderschön“, schwärmt die Königin. „So viele, der ganze Himmel ist weiß. Wie Schneeflocken. Du hattest recht. Augenblicke wie diese sollten ewig dauern.“ Die Königin gähnt. So ein ungewohnter Ausflug ist ganz schön anstrengend.

Und während Maja noch die fliegenden Samen bestaunt, ist die Königin schon eingeschlafen.
„Maja, hast du die Königin gesehen?“, hört sie Willi im nächsten Moment rufen.
„Psst!“, macht Maja. „Sei leise, Willi. Die Königin ist hier. Aber sie schläft gerade.“
Willi erklärt ihr schnell die Lage im Bienenstock. „Da ist ein Riesendurcheinander.“
„Können die nicht mal fünf Minuten ohne Königin auskommen?“, wundert Maja sich. „Die sind doch alt genug.“ Und dann hat sie eine Idee. Es wäre doch gelacht, wenn die Königin nicht auch mal eine kleine Pause machen könnte. Sie werden das schon ohne sie hinbekommen!
Schnell sausen die beiden Bienenkinder zum Bienenstock. Dort versucht Frau Kassandra verzweifelt, die wild gewordenen Bienen zu bändigen. Nicht sehr erfolgreich. Sie schlägt die Hände über dem Kopf zusammen, als Maja und Willi ohne die Königin zurückkehren. „Die Bienen sind kurz davor, den Bienenstock zu verlassen“, sagt sie verzweifelt.
„Oh nein!“, ruft Maja und macht sich sofort wieder auf den Weg. Die Lage ist ernster, als sie dachte. Pause hin oder her, die Bienenkönigin muss schnell zurück in den Bienenstock!

Auf der Klatschmohnwiese erwartet sie die nächste böse Überraschung: Die Blüte, auf der die Königin eben noch friedlich geschlafen hat, ist leer!
„Willi!“, ruft Maja entsetzt. „Die Königin ist weg!“
„Ich bin hier“, hören sie da die Stimme der Bienenkönigin. „Hilfe!“
Oh nein! Die Königin hängt fest. Im Netz der bösen Spinne Thekla! Maja und Willi halten erschrocken die Luft an. Wenigstens ist Thekla gerade nicht da.
„Hat sich die Königin verfangen, ist was schiefgegangen“, stellt Willi fest.
„Keine Angst, wir holen Sie da wieder aus“, sagt Maja entschlossen. Sie fliegt so nah an die Königin heran, wie sie kann, ohne sich selbst im Spinnennetz zu verheddern.
„Beeil dich“, ruft Willi. „Thekla kommt bestimmt gleich zurück.“ Kurz darauf sieht er die Spinne auch schon herbeiwackeln. Sie scheint Rückenschmerzen zu haben und ist deshalb langsamer als sonst, aber viel Zeit bleibt ihnen nicht!
Mehrere Spinnweben haben sich um den Körper der Königin geschlungen. Je mehr sie sich windet, um sie loszuwerden, desto fester ziehen sie sich zu.
„Nicht bewegen!“, warnt Maja. „Sonst wird es immer schlimmer.“ Nun hat auch Thekla gemerkt, was los ist. „Sieht aus, als wäre mir da was Hübsches ins Netz gegangen“, sagt sie erfreut, bevor sie sich mit schmerzverzerrtem Gesicht den Rücken hält.
„Schnell, Maja“, drängt die Königin. „Bitte!“

Die kleine Biene versucht eilig, die Fäden zu lösen, doch sie sitzen einfach zu fest.
Thekla klettert langsam, aber stetig an einem Stängel nach oben zum Spinnennetz. Sie ist schon fast bei ihnen angekommen.
„Ach du lieber Blütenstängel!“, ruft Willi aufgeregt.
Blütenstängel? Das ist es! Maja und Willi schubsen die Bienenkönigin an wie auf einer Schaukel, bis sie sich an einen Blütenstängel klammern kann. Die Spinnweben dehnen sich dabei immer mehr – und endlich reißen sie. Die Königin ist frei! Sie rutscht am Stängel hinunter und landet auf einem Pilz. „Und jetzt schnell zum Bienenstock!“, ruft sie, und die drei Bienen schwirren davon.
„Nein!“, ruft Thekla ihnen wütend hinterher. „Das ist gemein! Das nächste Mal entwischt ihr mir nicht!“
Nun, das wird man sehen. Doch dieses Mal haben die Bienenkinder die Königin gerettet!

Frau Kassandra kann die Arbeitsbienen nicht länger aufhalten. „Wir verlassen den Bienenstock, genau wie die Königin!", rufen sie. In diesem Moment kehrt die Bienenkönigin zurück. „Das darf doch wohl nicht wahr sein", schimpft sie. „Was ist hier los? Wozu die Aufregung?"
„Die Königin! Die Königin!", jubelt die Bienenmenge, und alle verneigen sich vor ihr. Frau Kassandra seufzt erleichtert. Das ist ja gerade noch mal gut gegangen!
„Und jetzt, meine Lieben, räumt alles wieder auf und geht zurück an eure Arbeit", befiehlt die Königin freundlich, aber bestimmt. Sofort schwirren und sirren die Bienen wieder emsig umher und kümmern sich um ihre Aufgaben, als wäre nichts passiert.
Die Königin wendet sich an Maja. „Danke für den schönen Tag und die herrlichen Abenteuer." Trotzdem ist sie auch froh, dass sie nun wieder zu Hause im Bienenstock ist.

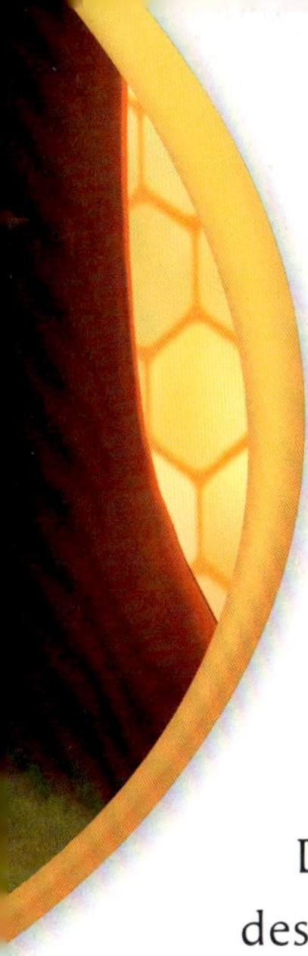

„Entschuldigung, Frau Königin", sagt Maja kleinlaut. „Das war alles nur meine Schuld."

„Nein, ganz und gar nicht", widerspricht die Königin. „Es war meine Entscheidung. Und mehr noch: Dank dir hatte ich eine wundervolle kleine Ablenkung von meinen Pflichten. Und das nächste Mal", fährt sie an Frau Kassandra gewandt fort, „nehme ich zwei Wachen mit."

Dann fliegen sie alle gemeinsam noch einmal zum Ausgang des Bienenstocks und sehen sich die Pappelsamen an, die über die Klatschmohnwiese wirbeln. Nein, nicht alle: Willi liegt gemütlich im Bienenstock und ruht sich nach diesem Abenteuer ein bisschen aus.

„Ich glaube, es ist wichtig, dass man sich von Zeit zu Zeit eine kleine Pause gönnt", sagt die Königin lächelnd.

Willi seufzt zufrieden. „Find ich auch. Je öfter, desto besser."

Ferdinand

Willi und Maja spielen in einem Apfelbaum.
Willi sitzt auf einem dicken, reifen Apfel, und Maja schubst ihn an.
„Schaukeln macht Spaß", lacht Willi. „Los, Maja, doller. Doller und höher!"
Da kommt Ben, der Mistkäfer angeflogen.
„Hey, was geht denn hier ab?"
„Hallo, Ben", sagt Willi und winkt.

„Guck mal, wir haben ein neues Spiel erfunden."
„Haha, das scheint Spaß zu machen", sagt Ben. „Ich würde ja gerne mitspielen, aber ich mache gerade einen neuen Ball, wisst ihr? Kommt ihr nachher vorbei und seht ihn euch an?"
„Ich muss erst was essen", sagt Willi. Das ist wieder mal typisch!
„Wir spielen nur noch ein kleines bisschen", meint Maja, „und dann kommen wir zu dir."
Ben freut sich. „Toll, dann bis gleich!"
Willi und Maja schaukeln wild weiter. Doch plötzlich löst sich der Apfel vom Baum. Er fällt zu Boden, prallt dort hart auf, rollt ein Stückchen – und bricht auseinander.
Eine Made schaut zwischen den Apfelhälften hervor. Sie sieht sehr verwirrt aus. „Was'n nun passiert?", fragt sie und blickt sich um. „Mein schöner Apfel!"
Maja und Willi sind dem Apfel hinterhergesaust.
Nun sieht Maja die Made achselzuckend an. „Oh, entschuldige. Wir haben Apfelschaukel gespielt. Wir wussten ja nicht, dass jemand im Apfel steckt."
„Ich steck hier drin – ich wohne hier!", sagt die Made verärgert. „Jetzt ist mein Haus Apfelmus. Manno!"

„Du wohnst in einem Apfel?“, fragt Maja. „Äpfel gibt’s ganz viele! Wir finden ein neues Haus für dich.“

Maja fliegt zum Apfelbaum.

Dort klopft sie an einen löchrigen Apfel, und ein Wurm steckt den Kopf aus einem Loch heraus.

„Ja? Was gibt’s denn?“

„Hallo!“, sagt Maja höflich. „Entschuldigung, aber hast du vielleicht Platz für einen kleinen Wurm, der sein Zuhause verloren hat?“

„Ha!“, macht der Wurm. „Soll das ’n Witz sein? Nur ein Bewohner pro Apfel. Der ganze Baum ist besetzt.“

Und mit diesen Worten zieht der Wurm blitzschnell seinen Kopf zurück in das Loch und ist verschwunden.

Maja versucht es bei drei weiteren Äpfeln – doch wo immer sie anklopft, die Apfelwohnung ist schon besetzt.

Maja seufzt. Bei diesem Baum ist wohl nichts mehr zu machen.

„Weine doch nicht, kleiner Wurm“, tröstet Willi in der Zwischenzeit die Made.

„Wir finden bestimmt ein schattiges Plätzchen für dich.“

Sofort sieht die Made nicht mehr ganz so traurig aus.

„Wirklich? Das finde ich ja nett von euch!“

Freudig hüpft die Made um Willi herum.
„Ja“, sagt Willi. „Da kannst du dich voll und ganz auf uns verlassen. Wenn’s um schattige Plätzchen geht – da kenn ich mich aus wie kein anderer.“ Willi grinst.
„Oh, das ist prima“, sagt die Made. „Mir ist schon ganz schwindlig von der heißen Sonne ... die brennt wie verrückt!“
In dem Moment kommt Maja zurück. „Also dann ...“, überlegt sie, „dann müssen wir uns beeilen und schnell ein kühles Häuschen für dich finden.“
Die gute Stimmung ist sofort wieder dahin.
„Aber wie?“, schluchzt die Made. „Ich bin’s gewohnt, in einem Apfel zu wohnen. Ich komme doch kaum vorwärts.“

Doch Maja wäre nicht Maja, wenn sie nicht schon längst eine Idee hätte.

Gemeinsam mit Willi bastelt sie aus einem Blatt eine Trage für die kleine Made. So können die Bienen mit ihr über die Wiese fliegen.

„Maja, ich glaube, ich weiß, wo wir den kleinen Wurm hinbringen“, sagt Willi.

„Ja, ich denke, wir haben beide die gleiche Idee“, meint Maja.

Die Made genießt es, mit den Bienen über die Blumen und Gräser zu sausen.

„Das macht Laune!“, ruft sie.

Willi hingegen ist nicht so gut gelaunt.

„Ah, ist das anstrengend. So eine Plackerei“, findet er.

„Hey, wie heißt du eigentlich?“, fragt Maja den kleinen Wurm.

„Ferdinand“, antwortet die Made.

„So, da sind wir“, sagt Maja und steckt den Kopf in ein Loch in der Erde. „Huhu, Max!“, ruft sie. „Bist du zu Hause?“
Max, der Regenwurm, kommt aus der dunklen Erde. „Hallo, Maja!“
„Max, das ist Ferdinand“, sagt Maja und zeigt auf die Made. „Wir haben sein Haus kaputt gemacht. Könntest du deinen kühlen Tunnel mit ihm teilen?“
„Aber natürlich“, sagt Max. „Hier unten habe ich genug Platz.“
Ferdinand kriecht zum Rand des Loches, steckt seine Nase rein – und plumpst hinein. „Tschuldigung“, murmelt er, als er unten bei Max angekommen ist. Dann sieht er sich neugierig um. „Das ist kühl hier drin“, stellt er fest. „Und riecht ganz muffig.“ Er schnuppert. „Irgendwie nicht sehr fruchtig.“ Er krabbelt wieder aus dem Loch raus. „Das Haus gefällt mir gar nicht“, beschließt er. „Ich mag's gern saftig und fruchtig.“
„Saftig und fruchtig?“, sagt Willi. „Na, da hab ich eine Idee. Legen wir 'nen Flügelschlag zu: Auf zu meinem Lieblingsbaum!“

Willi und Maja fliegen mit Ferdinand zu einem Birnenbaum. Die Äste hängen voller saftiger, schwerer Früchte.
„So!", sagt Willi stolz. „Den hab ich mal entdeckt. Erstklassiger Nektar, und dann sind die Früchte bestimmt auch süß saftig."
„Und keine Birne bewohnt", sagt Maja. „Du hast die freie Wahl."
Aber auch hier scheint es Ferdinand nicht so recht zu gefallen. „Na ja, ist schon besser als der Tunnel", sagt er und schnüffelt. „Aber ich vertrage keine Birnen. Davon bekomme ich Bauchgrummeln." Unglücklich sieht er die Bienen an. „Ach, was soll ich nur machen? Ich bin eben ein Apfelwurm. Ich vertrage nur Äpfel. Nichts anderes."
„Ach." Jetzt versteht Maja. „Dann isst du ja dein Haus auf!"
„Ist die Made nicht zufrieden, müssen die Bienen weiterfliegen", reimt Willi.

Maja fällt ein, dass ganz in der Nähe des Bienenstocks ein Apfelbaum steht. Der ist doch bestimmt noch frei!
Dort angekommen klopft Maja gleich an einen Apfel. Ah, es scheint keiner da zu sein.
Auch Ferdinand wirkt zufrieden.
„Willi, wir haben's geschafft!", jubelt Maja. „Das ist das schöööönste Apfelhaus auf der Wiese! Juhuu!"
Doch auf einmal hören die drei ein lautes Summen: Die Sammelbienen fliegen zurück zum Stock.
Ferdinand stöhnt. „Das ist mir hier zu laut. Wer soll denn bei dem Lärm dick und rund werden?"
„Ferdinand, dieser Apfel ist kühl, saftig – und er ist frei!", sagt Maja streng. „Es ist genau das, was du gesucht hast. Einen schöneren Apfel finden wir nie!"
Ferdinand beginnt zu schluchzen. „Na ja, eben nicht ganz. Wenn ihr mir nicht helfen wollt, dann lasst es eben bleiben!" Tränen laufen der kleinen Made über die Wange. „Ich armes Würmchen muss verhungern!"

Ferdinand steigert sich immer mehr in seinen Kummer hinein: Er heult und weint und brüllt vor sich hin.
So langsam reißt Willi der Geduldsfaden. „Manno, ich hab auch Hunger. Aber heule ich hier rum, hä? Nö!“, sagt er und verdreht genervt die Augen.
„Der geht mir voll auf die Nerven, Maja! So, ich muss jetzt erst einmal Pollen schlürfen, um meine Nerven zu beruhigen. Und das solltest du auch tun!“
Das bringt Maja auf eine Idee. Das muss es sein!
„Weißt du, Ferdinand, ich denke, wir müssen dich erst mal richtig sattmachen, dann sehen wir weiter“, sagt sie.
Ferdinand hört schlagartig auf zu heulen und blickt Maja an.
„Das klingt supi! Aber bitte im Schatten, ja? Am liebsten esse ich übrigens Apfelkerne.“
Und weiter geht es mit der Schlepperei. Willi ist ganz schön genervt. Eigentlich wollte er doch was essen!

Während Ferdinand es sich im Schatten gemütlich gemacht hat und sich von Willi Luft zufächeln lässt, schleppt Maja einen Apfelkern nach dem anderen an. Genüsslich kaut Ferdinand auf seiner Leibspeise herum. „Hm, sehr gut“, mampft er. „So setzt man Speck an.“
Willi reicht es nun aber. „Ich hab genug“, sagt er. „Der wird immer dicker, und ich immer dünner. Ich haue mich jetzt in die Blüten!“

Genervt stapft Willi davon.
Maja bleibt allein bei Ferdinand, der ganz schön was wegfuttern kann. Egal, wie viele Kerne Maja bringt, die kleine Made wird einfach nicht satt.
„Du bist doch schon dick genug, reicht das nicht?“, sagt sie irgendwann müde. „Ich brauche mal 'ne Pause.“
„Nein, warte!“, ruft Ferdinand. „Ich muss doch zunehmen! Lass mich nicht alleine!“
Als Maja wegfliegen will, beginnt Ferdinand so sehr zu weinen und zu zetern, dass Maja ihn einfach nicht im Stich lassen kann.
„Das ist ja unglaublich“, sagt die kleine Biene zu sich selbst. „Er scheint wirklich großen Hunger zu haben.“
Seufzend kümmert sie sich weiter um Ferdinand.

Während die große Madenfütterung weitergeht, stolpert der gierige Ferdinand auf einmal über einen Stein. Hoppala!
Als er regungslos liegen bleibt, stellt Maja fest, dass der hintere Teil seines Körpers ganz verändert aussieht.
„Was hast du da hinten dran, Ferdinand?", fragt sie verwundert.
„Das, äh, ist … hähä …", stottert Ferdinand. „Ah tja … ich weiß auch nicht, äh … da wächst irgendetwas?!"
„Wusste ich's doch", ruft Maja. „Das hab ich schon mal gesehen. Ist nichts Schlimmes."
„Die Haussuche, der Hunger … noch mehr Probleme kann ich nicht gebrauchen", jammert Ferdinand.

„Ich glaube, das da löst alle deine Probleme." Maja lacht.
„Ach ja?" Ferdinand ist unsicher. „Also, ich habe von Würmern gehört, denen auch so was gewachsen ist. Und die wurden nie wieder gesehen!"
Nun strahlt Maja über das ganze Gesicht. „Aber ja! Dann ist es das, was ich denke. Du brauchst kein Apfelhaus mehr, Ferdinand. Du baust dir nämlich gerade dein eigenes Haus!"
„Was?" Ferdinands Augen werden noch runder, als sie es eh schon sind.
„Ja, einen Kokon", erklärt Maja. „Danach bist du kein Wurm mehr."
„W-w-w-wirklich, Maja? Kein Wurm mehr?", fragt Ferdinand ungläubig. „Und kann ich dann auch fliegen?"
„Ja", ruft Maja begeistert. „Und du trinkst Nektar wie wir. Hmmmm! Ich finde, das müssen wir feiern, Ferdinand."
Ferdinand kaut und nickt eifrig. „Ahem, hmhm, ja!"

Die Sonne geht langsam unter, und die Glühwürmchen tanzen in der Luft. Maja hat alle ihre Freunde unter den Apfelbaum eingeladen, damit sie gemeinsam für Ferdinand eine große Verwandlungsparty feiern können. In der Mitte sitzt Ferdinand in einem Apfel und freut sich schon auf seine Verwandlung.

„Mein Haus wächst – fühlt sich super gut an", sagt er zufrieden.

„Ich denke, es wird ganz hübsch, ja, da bin ich mir ganz sicher."

„Genau, bald bist du überall zu Hause", stimmt Maja ihm zu.

„Juchhu!"

Staunend betrachtet Ferdinand die Party. „Hui. Da hab ich im Apfel ja ganz schön was verpasst", sagt er und lächelt.

Der Grashüpfer Flip hat seine Geige herausgeholt und spielt ein lustiges Liedchen. Maja, Willi, Mistkäfer Ben, Beatrix, das Schmetterlingsmädchen, die Fliege Walter und das Marienkäfermädchen Lara tanzen wild durch die Gegend.

„Juchhu!“ und „Jippieh!“ rufen sie ausgelassen.
Doch plötzlich fällt Maja etwas auf. Sie schaut sich um. „Wo ist denn Ferdinand?“
Die Musik verstummt – und in diesem Moment ist ein lautes Schnarchen zu hören.
Das kommt dieses Mal ausnahmsweise nicht von Willi: Ferdinand liegt dick eingehüllt in seinem Kokon unter einigen Grashalmen.
Seine Verwandlung geht weiter!
„Schlaf gut, kleiner Wurm“, sagt Maja zärtlich. „Bald bist du keiner mehr.“
Wie zur Bestätigung gibt Ferdinand einen besonders lauten Schnarcher von sich. Bestimmt träumt er schon davon, wie er bald aussehen wird.

Als Willi und Maja am nächsten Tag aufwachen, scheint ihnen die Sonne schon ins Gesicht.
Maja ist sofort hellwach. Eilig fliegt sie zu Ferdinands Kokon. „Willi, Willi!", ruft sie aufgeregt.
Willi richtet sich verschlafen auf und sieht sich verwirrt um. Was ist denn los?
Noch einmal ruft seine Freundin nach ihm. „Das musst du dir ansehen, Willi! Ferdinand schlüpft gerade!"
Ferdinand schält sich gerade aus den letzten Resten seines Kokons, hält einen Moment inne – und dann faltet er seine neuen Flügel auseinander. Wow! Er ist ein Schmetterling geworden! Und er sieht wunderschön aus.
Nur das Fliegen, das muss er erst einmal üben. Ferdinand macht einen Schritt nach vorn und kippt um. Aber sofort rappelt er sich wieder auf. „Huh, gar nicht so einfach ...", sagt er verlegen. „Äh. Puh!"

„Na dann“, ermuntert ihn Maja. „Bist du bereit für deinen ersten Flug?“
Ferdinand grinst. „Ich glaube schon.“
„Na dann los“, sagt Maja und saust los.
Ferdinand flattert ihr hinterher. Erst fliegt er noch Schlangenlinien, aber schnell hat er den Bogen raus und düst mit Maja und Willi durch die Luft.
„Hurra, Ferdinand“, sagt Maja. „Du hast es geschafft!“
„Ich fliege!“, ruft Ferdinand glücklich.
„Das stimmt“, stellt Willi fest. Er freut sich über den neuen Schmetterling. Viel mehr freut er sich aber darüber, dass er keine Apfelkerne sammeln und keiner kleinen dicken Made Luft zufächeln muss. Denn das war so anstrengend!
Blitzschnell fliegt Willi den Freunden hinterher. Auf zu köstlichem Pollen und Nektar!

Lara lässt es regnen

Maja und Willi spielen mit ihren Freunden Ben, Walter, Max und Rufus. Sie sausen von Pflanzenranken herunter, rutschen sie ein Stückchen wieder hoch und lassen sich dann in die Luft katapultieren. Von dort greifen sie nach der nächsten Ranke und schwingen weiter. Wer den Boden berührt, hat verloren. Alle haben riesigen Spaß!

Nur eine nicht. „Was spielen die denn da? Boah, ist das langweilig", mosert Marienkäfermädchen Lara. Jetzt wird sie auch noch versehentlich von Ben zur Seite geschubst!

Maja macht einen großen Hechtsprung von einem Blatt auf einen Pilz – und schafft es, nicht den Boden zu berühren.

„Bravo, Maja!", rufen die Freunde.

„Und wer ist jetzt dran?", fragt Ben.

„Ich", sagt Lara. „Und danach spielen wir was Richtiges." Lara schwingt sich von einer Ranke zur nächsten – aber sie benutzt ihre Flügel! Sicher landet sie auf dem Pilz.

„Ich hab's geschafft", sagt sie und klingt ein bisschen angeberisch. „Ich bin die Beste!"

„Nein, du bist geflogen", sagt Regenwurm Max. „Du hast geschummelt, Lara."

„Pah, das ist ein Spiel für Larven", meint Lara.

„Uns macht es Spaß", sagt Maja. „Riesengroßen Spaß!"

„Ich habe eine Idee", sagt Lara und sieht die anderen an. „Wir ärgern Thekla oder legen die Wespen rein. Irgendetwas Lustiges."

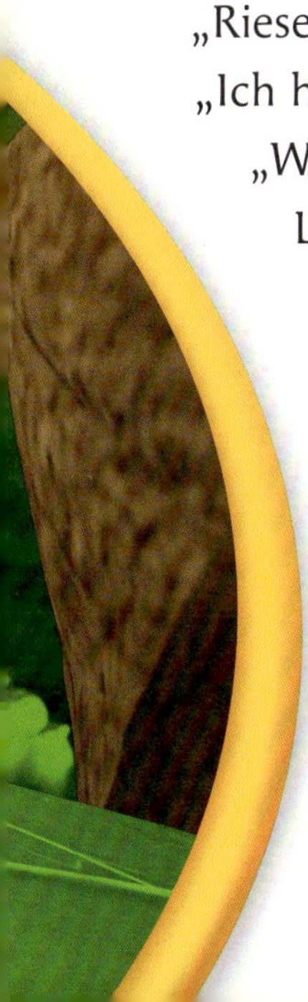

„Bei dir muss immer einer reingelegt werden", findet Rufus, die Schnecke.

„Ja, na klar", sagt Lara. „Ist doch lustig!"

„Tut mir leid", sagt Rufus. „Ich kann da nicht lachen." Lara dreht sich wortlos um und marschiert davon. „Puh, die verstehen überhaupt keinen Spaß. Die werde ich reinlegen."

Lara blickt in den Himmel. Er sieht düster und grau aus. Dicke Wolken ziehen auf.
Da hat das Marienkäfermädchen eine Idee. Es dreht sich zu den Freunden um und ruft: „Stellt euch schon mal unter. Gleich werdet ihr pitschepatschenass. Ich kann nämlich Regen machen.“
„Regen machen?!“ Willi schüttelt den Kopf. „Was du dir immer alles ausdenkst, Lara.“
„Das denke ich mir nicht aus“, sagt Lara. „Ich bestimme, ob es regnet oder die Sonne scheint.“ Wütend marschiert sie davon.
Plitsch! Was ist das?
Willi fällt ein Tropfen auf den Kopf.
Und dann noch einer. Und noch einer.
Plitsch, platsch. Es regnet!
Schnell stellen sich die Freunde unter dichten Kleeblättern unter. Nur Max und Rufus lassen sich die dicken Tropfen auf den Kopf regnen.

„Mein liebes Pollenklößchen“, staunt Willi, „Lara hat es wirklich regnen lassen!“
„Also ich find’s schön“, meint Max.
„Ich auch“, schließt Rufus sich an.
Na klar, Schnecken und Regenwürmer lieben den Regen!
Unter ihrem Kleeblattdach runzelt Maja die Stirn. „Das kann nicht sein ...“, murmelt sie. „Also, das kann nur Zufall sein, Willi. Oder Lara kennt wieder mal einen Trick.“
Willi sieht zum Himmel. „Das ist ein ganz schön nasser Trick.“
„Hmmm ...“, macht Maja nachdenklich. „Den finde ich schon heraus.“

Als es wieder aufgehört hat zu regnen, versammeln sich Max, Ben, Walter und Rufus um Lara, die es sich in einer Astkuhle auf Blättern bequem gemacht hat. Sie soll ihr Lieblingswetter zaubern!
„Bitte, lass es noch mal regnen, Lara“, sagt Ben. „Regen macht Balli so schön matschig.“
Lara räkelt sich auf ihrem Blätterbett und tut so, als hätte sie Ben nicht gehört.
„Ja, also, ich brauche Sonne“, meint Walter, „Ich habe einen faulen Apfel entdeckt. Aber wenn es regnet, kann ich ihn nicht mehr riechen. Und dann finde ich ihn nicht mehr.“
Lara seufzt. „Hach, ja.“ Offenbar genießt sie es, dass die Freunde so beeindruckt sind.
„Hör nicht auf die beiden“, sagt Rufus. „Regen ist toll.“
„Nein, Sonne!“, ruft Ben.
„Regen!“, fordert Max.

„Sonne!", möchte Walter.
„Regen!", wiederholt Rufus.
„Hört auf zu streiten", sagt Lara. „Also, ein ... Wetterwechsel erfordert Konzentration. Und wie soll ich mich bei dem Krach konzentrieren?" Sie sieht genervt in die Runde. „Außerdem ... außerdem ..."
Alle blicken gespannt zu Lara.
„Ja?", fragt Max.
„Außerdem brauche ich köstlich duftende Rosenblätter, um mich einzudüfteln", findet Lara. Sie nickt. „Ja, genau."
„Das mach ich", ruft Ben. „Ich weiß, wo Apfelrosen wachsen."
Lara denkt kurz nach. „Und dann möchte ich noch schwarze Mohnsamen haben", sagt sie und grinst. „So viele, dass ich darin baden kann."
„Ich kümmere mich darum", sagt Walter.
„Und wir?", fragen Max und Rufus.
„Hmm ...", macht Lara. „Lasst mich mal überlegen! Ja, ihr könntet mir ein schönes, kuschliges Plätzchen für die Nacht suchen. Es muss ruhig und gemütlich sein und mich vor der Kälte schützen."
„Dafür sind wir genau die Richtigen", meint Rufus. „Komm, Max."
Lara lächelt zufrieden. Da lässt das Marienkäfermädchen ja alle ihre Freunde ganz schön für sich arbeiten ...

Maja und Willi haben das ganze Schauspiel von den Kleeblättern aus beobachtet.
„Du hast doch schon ein Plätzchen", sagt Maja jetzt verärgert zu Lara. „Und die anderen Sachen brauchst du nicht."
Lara kichert. „Das stimmt. Aber es ist lustig ... wie ein Wettrennen. Und der Sieger bekommt Regen oder Sonnenschein." Sie fliegt zu Maja und Willli. „Ich finde, das ist eine super Idee."
„Aber ein altes Bienensprichwort sagt: Auf jeden Regen folgt Sonnenschein", sagt Willi.
„Genau so ist es!", bestätigt Maja. „Niemand kann das Wetter machen, Lara. Auch du nicht." Sie zieht die Stirn in Falten. „Das ist doch nur wieder ein Trick von dir. Du legst uns rein, stimmt's?"
Lara lacht. „Du hast recht, Maja. Aber es ist lustig, oder?" Sie schlägt einen Purzelbaum und lässt sich dann nach hinten vom Blatt fallen. „Wenn ihr meinen Trick herausfindet, habt ihr gewonnen!", ruft sie Maja und Willi noch zu.
Verärgert sehen die beiden Bienen dem Marienkäfermädchen hinterher.
„So was", murmelt Willi.
Maja stemmt die Hände in die Seiten. „Gut, spielen wir nach Laras Regeln."

Willi und Maja flitzen zu Walter, der sich eifrig an den Blüten zu schaffen macht.
„Hör auf, Pollen zu sammeln, Walter“, sagt Maja. „Hilf mir lieber, Laras Trick rauszufinden.“
„Nein!“ Walter schüttelt den Kopf. „Ich muss den Pollen schnell zu Lara bringen, bevor Max und Rufus ein Nachtplätzchen für sie gefunden haben. Sonst lässt sie es wieder regnen.“
„Aber nein, das kann sie eben nicht, Walter“, sagt Maja. „Das hat sie gerade selbst gesagt. Es ist nur ein Trick von ihr.“
„Mir ist egal, wie sie das macht“, sagt Walter. „Ob mit Trick oder ohne. Sie hat gesagt, dass es regnet, und dann hat’s geregnet.“
Uff. Maja lässt die Schultern hängen. Das kann ja noch heiter werden!

Ben sammelt derweil fleißig Blütenblätter.
„Willi, Maja, fasst mal mit an“, sagt er, als die beiden neben ihm auftauchen. „Ich muss die Rosenblätter zu Lara bringen – aber ich habe Angst, dass ihr Gestank den herrlichen Duft von Balli überdeckt.“
„Lieber Rosenduft als Mief in der Luft!“, findet Willi.
„Ich rolle Balli, ihr tragt die Blätter“, beschließt Ben.
„Nein.“ Maja schüttelt den Kopf. „Du solltest lieber bei uns mitmachen. Wir wollen herausfinden, wie Lara uns wieder an der Nase herumführt.“ Mit diesen Worten fliegen Willi und Maja davon. Auch Balli hat sich auf den Weg gemacht und rollt weg – das merkt Ben aber erst jetzt: „Mein Balli!“
Max und Rufus sind sehr damit beschäftigt, ein gemütliches Plätzchen für Lara zu finden.
„Huhuu!“, ruft Maja ihnen zu. „Hört auf zu suchen. Lara spielt nur ein Spiel mit uns.“

„So ein Quatsch“, sagt Rufus. „Lara soll Regen machen, nicht spielen.“
Max streckt seinen Kopf kurz aus einem Erdloch. „Noch haben wir keinen Platz – mein Fehler.“ Und schon ist sein Kopf wieder in der Erde verschwunden.
Willi schaut seine Freundin an. „Sieht aus, als sind die alle beschäftigt, Maja. Wollen wir uns nicht auch ein schönes Plätzchen suchen?“
Maja denkt nach. „Ja klar, das machen wir, Willi“, sagt sie dann und grinst. „Und zwar ganz in der Nähe von Lara. Die behalten wir jetzt im Auge ... das Spiel fängt langsam an, mir auch Spaß zu machen.“
„Ach ja?“ Willi gähnt herzhaft. Für ihn ist das Ganze schon wieder viel zu aufregend!

Rufus, Max, Ben und Walter haben Lara alles gebracht, was sie sich gewünscht hat.
Das Marienkäfermädchen schnüffelt an einem Blatt. „Aaah, Ackerwinde“, stellt sie zufrieden fest.
„Ja. Das Plätzchen liegt auf dem Ackerwindenfeld“, erklärt Max. „Unter einem großen Stück Rinde. Da lässt es sich aushalten.“
„Wir haben dir sogar ein Bett gemacht“, sagt Rufus, „mit Blättern und Blüten und so.“
Lara überlegt. „Hmm. Ähm. Am Ackerwindenfeld, sagt ihr?“ Sie macht eine Pause. Dann sagt sie: „Das ist mir ein kleines bisschen zu weit weg.“
Enttäuscht schauen Rufus und Max sich an.

„Da gefällt mir schon besser, was Ben und Walter für mich gesammelt haben", fährt Lara fort. „Und deshalb ..." Sie wirft einen schnellen Blick zum Himmel, „werde ich gleich die Sonne hervorkommen lassen."
„Ja! Haha!" Ben und Walter klatschen begeistert ab.
Lara hält sich die Hände an den Kopf und summt konzentriert. „Sonne, Sonne", murmelt sie und blinzelt erneut zum Himmel. „Sonne, Sonne ..."
Auch Maja und Willi, die das Schauspiel von einem Blatt aus beobachten, schauen zum Himmel. Und, tatsächlich: In diesem Moment kommt die Sonne hinter den Wolken hervor!
„Hey, das hat sich ja noch nicht mal gereimt", wundert sich Max. „Das muss es auch nicht", belehrt ihn Lara. „Aber es hat mich angestrengt. Geht jetzt!" Seufzend lässt sie sich auf ihr Bett aus Blättern sinken. Gerade, als Max und Rufus davonkriechen wollen, fällt Lara noch etwas ein. „Oh nein, wartet! Wisst ihr, worüber ich mich sehr freuen würde? Über ein leckeres kleines Pilzstückchen." Sie strahlt die beiden an. „Dann hab ich vielleicht wieder genug Kraft, um es regnen zu lassen."
Maja hat alles mit angehört. Sie ist empört. „Das gibt's doch nicht! Lara isst keine Pilze!"
Doch Max und Rufus kriechen auf dem schnellsten Weg davon. „Sind schon unterwegs, Lara!", rufen sie.
Als die beiden weg sind, fliegt Lara zu den Kleeblättern und betrachtet sie. Komisch, was macht sie denn dort?
„Warum schaut sie sich die so genau an?", wundert sich Maja.

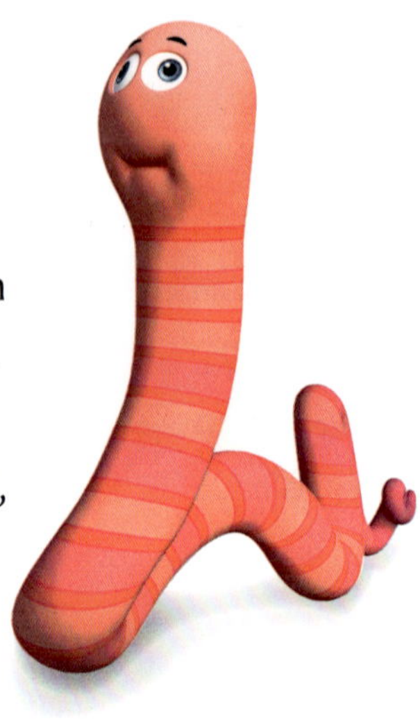

„Die lassen ganz schön die Köpfe hängen", findet Willi. „Na ja, vielleicht brauchen sie ein bisschen Wasser, Maja?"
„Stimmt", sagt Maja. „Der Regen hat ihnen besser gefallen. Da standen sie ganz gerade!"
Gemeinsam mit Willi holt Maja in einem Blütenkelch einen Tautropfen und lässt ihn über einem Kleeblatt fallen. Sofort richtet das Blatt sich auf.
„Wusste ich's doch", jubelt Maja. „Das ist der Trick! Der Klee sagt ihr das Wetter voraus. Wenn es nass wird, richtet er sich auf. Und wenn die Sonne scheint, dann lässt er das Köpfchen hängen."
„Aber Lara hat gesagt, dass es regnet, bevor der erste Tropfen fiel", meint Willi.
„Du hast recht", stimmt Maja ihm nachdenklich zu. Plötzlich hat sie eine Idee, wer ihnen all das ganz bestimmt erklären kann ...

„Bevor es regnet, wird die Luft ganz feucht“, erklärt ihnen Flip, der Grashüpfer. „Das spürt der Klee – und richtet sich auf, noch bevor der erste Tropfen fällt.“
„Ach so ist das“, sagt Maja. „Lara hat nämlich behauptet, dass sie das Wetter machen kann!“, erklärt sie Flip. „Und alle glauben's ihr.“
Flip lacht. „Ganz schön raffiniert, das kleine Marienkäferchen! Ob sie auch weiß, was die Ackerwinden uns über das Wetter erzählen?“
Flip hüpft auf das Blatt einer Ackerwinde. „Seht ihr, wie fest geschlossen die Blüten sind?“, fragt er die Bienenkinder. „Das heißt, dass bald ein Unwetter kommt. Sucht euch lieber einen Unterschlupf.“ Eilig springt er davon.
„Machen wir, Flip“, ruft Maja ihm hinterher. „Und danke, du hast uns sehr geholfen!“

Lara hat es sich in der Zwischenzeit in dem Stück Rinde bequem gemacht, das ihr eigentlich ja viel zu weit weg war.
„Was für ein herrliches Plätzchen“, murmelt sie und streckt sich für ein kleines Nickerchen aus. Ganz schön gemütlich haben es die Jungs hier für sie gemacht!

Die beiden sind gerade dabei, sich mit Ben und Walter um ein Pilzstück zu streiten.
„Den bringt ihr Lara nicht!“, sagt Rufus. „Ich will nicht, dass es wieder regnet.“
„Oh doch“, meint Max. „Jetzt sind wir mal an der Reihe.“
Gemeinsam zerren sie in alle Richtungen an dem Pilzstück. Keiner will loslassen.
Da kommen Maja und Willi angeflogen. „Das Spiel ist vorbei“, ruft Maja, „und wir haben gewonnen! Wir wissen jetzt, wie Lara das macht. Sie kann das Wetter nicht ändern.“
Alle halten in der Bewegung inne und sehen Maja überrascht an.
„Aber sie kann sagen, wie das Wetter wird“, ergänzt Maja. „Und das können wir jetzt auch.“
„Hä? Was?“, fragen Max, Ben, Walter und Rufus wie aus einem Munde.
„Ja, man muss nur genau hingucken“, erklärt Willi.
„Und jetzt ist ein Sturm im Anflug. Wir müssen uns einen Unterschlupf suchen.“
„Wo ist Lara?“, fragt Maja.
„Wir müssen es ihr auch sagen.“
„Vielleicht ist sie ja zu unserem Plätzchen geflogen“, meint Rufus.
„Sehen wir mal nach“, sagt Maja – doch in dem Moment beginnt es zu donnern und zu blitzen. Und dann prasselt ein wahrer Platzregen auf die Wiese nieder.
„Oje, oje“, murmelt Willi.

Während der Regen immer stärker wird, schrickt Lara aus ihrem Schläfchen hoch. Der Ausgang aus dem Rindenstück ist durch eine Pfütze versperrt. Und das Wasser steigt.
„Hilfe, ich komme hier nicht raus!“, ruft Lara verzweifelt. „Hallo! Hört mich jemand? Ich bin hier drin! Hilfe!“
Aber erst, als es aufgehört hat zu regnen, können Maja und Willi zu der Rinde fliegen. Sie hören Lara schon von Weitem um Hilfe rufen.
„Hach, Maja“, klingt Laras Stimme dumpf durch die Rinde. „Ich bin so froh, dass du da bist. Ich bin hier eingesperrt! Bitte, hilf mir raus.“
Gemeinsam ziehen Willi und Maja an der Rinde – aber es bewegt sich nichts.
„Das schaffen wir nicht allein, Willi“, sagt Maja. „Die anderen müssen mithelfen.“

Den anderen Freunden ist inzwischen ein Licht aufgegangen.
„Von wegen Sonnenschein“, schimpft Ben. „Maja hat recht. Lara hat uns mal wieder reingelegt. Ist doch klar wie Morgentau.“
„Das war wirklich dumm von uns“, sagt Max verärgert. „Wir sind ihr voll auf den Schleim gegangen.“
In dem Moment kommt Maja angeflogen. „Da seid ihr ja! Ihr müsst uns helfen! Lara ist eingesperrt.“
Und obwohl alle ziemlich sauer auf Lara sind, eilen sie ihr natürlich sofort zur Hilfe.

Gemeinsam gelingt es ihnen, die Rinde hochzuheben und Lara zu befreien. Unter der Rinde krabbelt schließlich ein ziemlich kleinlautes Marienkäfermädchen hervor. „Danke, Maja“, murmelt Lara. Da! Es donnert schon wieder.

„Der Sturm“, ruft Maja. „Los, komm, Lara!“

Schnell kehren alle zu ihrem Unterschlupf zurück.

„Vielen Dank, Maja“, sagt Lara dort noch einmal, „und vielen Dank an euch alle.“ Sie seufzt. „Tut mir leid, dass ich euch reingelegt habe. Aber ich fand's lustig, dass ihr mir geglaubt habt. Und so schlecht war mein Spiel auch nicht, oder?“ Sie lächelt. „Jedenfalls besser, als den ganzen Tag an Ranken runterzurutschen. Und außerdem habt ihr ja gewonnen.“

„Genau“, sagt Maja zufrieden. „Damit legt mich bestimmt keiner mehr rein. Da musst du dir schon was anderes einfallen lassen, Lara.“ Sie grinst.

„Das mache ich auch“, sagt Lara, und die Freunde lachen gemeinsam, während der Donner leise verhallt und die Sonne wieder hinter den Wolken hervorblitzt.

Edgar, die Pechbiene

Es ist ein schöner sonniger Morgen. Ungeduldig fliegt Maja vor dem Bienenstock auf und ab. Was dauert denn da wieder so lange?!

Nach einiger Zeit kommt Willi herausgeflogen.

„Endlich bist du fertig“, begrüßt Maja ihren Freund. „Ab in die Wiese.“

„Ich bin nicht nur fertig, ich bin fix und fertig“, schimpft Willi. „Zweimal die Wabe putzen, ist einmal zu viel.“

Maja lacht. „Ach, Willi, du bist ein kleiner Faulpelz – oh, hallo, Edgar!“

Unten vor dem Bienenstock steht Edgar. Er sieht gar nicht glücklich aus.

Maja und Willi fliegen zu ihm. „Was hast du denn, Edgar?“, fragt Maja.
„Ich ... na ja ...“ Edgar kratzt sich am Kopf. „Ich würde auch gern rausfliegen auf die Wiese.“
„Worauf wartest du?“, fragt Willi. „Ich jedenfalls muss dringend in die Pollen und ein Nickerchen machen.“
„Ja, aber ich traue mich nicht“, sagt Edgar traurig.
„Wieso denn nicht?“, wundert sich Maja.
„Wisst ihr denn nicht, wie mich alle nennen?“, fragt Edgar. „Edgar, die Pechbiene! Kaum fliege ich raus, passiert mir – Bäm! – ein Unglück. Wenn ich Nektar sammele, ist alles verschüttet, bis ich beim Bienenstock ankomme, so oft stürze ich ab.“
„Iss doch den Nektar auf, dann kann er nicht verschütten“, schlägt Willi vor. Typisch!
Edgar seufzt. „Es hilft alles nichts. Am besten bleibe ich beim Stock und gehe nicht weiter als bis hierher.“
„Was?“ Majas Augen werden groß. „Du willst nie mehr raus?“ Das lässt Maja nicht zu. „Komm, wir fliegen zusammen“, sagt sie entschlossen. „Dann hast du bestimmt nicht so viel Pech.“
Sie zieht Edgar in die Höhe. Doch gerade als sie in der Luft sind, fliegen zwei Arbeiterbienen vorbei, die einen Blütenkelch auf einem Blatt transportieren. „Aufgepasst!“, rufen sie.
Aber zu spät. Die Blüte kippt vom Blatt, reißt Edgar mit sich, und alle Pollen fallen heraus. Edgar stürzt samt Blüte zu Boden.

„Seht ihr?“, sagt Edgar, als er sich wieder aufgerappelt hat, und schiebt sich den Blütenhut vom Kopf.
„Ach was“, sagt Maja. „Dir ist ja nichts passiert. Los komm, Edgar, wir fliegen zur Wiese!“
Schon sind Willi und Maja in der Luft. „Worauf wartest du?“, ruft Maja Edgar zu.
Edgar überlegt. Dann sagt er: „Okay. Aber ihr müsst ganz langsam fliegen. Sonst tut es so weh, wenn ich wieder irgendwo gegendonnere.“
„Versprochen“, sagt Maja. „Wir fliegen ganz, ganz vorsichtig.“
Doch als sie erst mal losgesaust sind, kann Willi und Maja nichts mehr halten: Das Fliegen durch die Wiese macht einfach zu viel Spaß! Die kleinen Bienen drehen sich in der Luft und schlagen Salti.
Doch Moment ... Wo ist Edgar? Da unten, zwischen den Gräsern!
„Huhu, wir sind hier oben“, ruft Willi. „Warum fliegst du denn da unten?“
„Na ja, wenn ich abstürze, falle ich nicht so tief. Vorsicht ist die Mutter der Pechbiene. Ich bin noch niemals so hoch geflogen. Ich habe Angst!“
Maja und Willi fliegen zu dem ängstlichen Bienchen. „Alles Gute kommt von oben“, sagt Willi. Gemeinsam packen Maja und Willi Edgar an den Armen und ziehen ihn in die Höhe.

„Uah, was macht ihr denn da?“, sagt Edgar ängstlich.
„Oben ist es viel sicherer“, erklärt Maja. „Da ist die Bahn frei.“
„Nicht für mich, Maja, nicht für mich.“ Edgar kneift fest die Augen zusammen.
„Mach die Augen auf, Edgar“, sagt Maja. „Sieh doch mal, wie schön die Wiese ist!“
Na gut, einen Blick kann er vielleicht riskieren. Als Edgar die Augen öffnet, staunt er. „Oh, sie ist wirklich wunderschön!“
Willi hat eine seiner Lieblingsblumen entdeckt. „Veilchen! Pause für ein Weilchen!“, sagt er und zieht Edgar mit sich. „Lecker! Rein in die Pollen!“
Begeistert schlecken Edgar und Willi an den Blüten.
Doch auf einmal muss Edgar niesen. Laut macht er „Hatschi!“ und taumelt zu Boden. Genau in diesem Moment rollt mit einer Affengeschwindigkeit eine Mistkugel vorbei. „Oh nein, pass auf, Edgar!“, will Maja ihn warnen – doch zu spät: Die Mistkugel prallt mit Edgar zusammen, und die kleine Biene wird hoch durch die Luft geschleudert, bevor sie unsanft auf ihrem Popo auf dem harten Boden landet.

Da kommt auch schon der Besitzer der Mistkugel angelaufen. „Mein Balli!“, brüllt Ben und rennt zu seiner Mistkugel, die an einem Stein liegen geblieben ist. „Du hast dir doch nicht weggetan, meine liebste Kuschelkugel, oder?“ Zärtlich streichelt er über die Mistkugel.

Währenddessen helfen Maja und Willi Edgar wieder auf die Beine. „Nichts passiert, Edgar“, beruhigt Maja den Pechvogel.

Edgar schnuppert an seinem Körper. „Igitt!“, sagt er angewidert. „Das stinkt ja fürchterlich!“

„Balli ist ja auch eine Mistkugel“, erklärt Maja. „Und das ist Ben, ein guter Freund von uns.“ Sie zeigt auf den Mistkäfer.

„Keine Sorge“, meint Ben, „Balli ist nix passiert.“

„Hallo“, sagt Edgar verlegen und winkt.

Dann nehmen Willi und Maja Edgar erneut in die Mitte und sausen mit ihm in die Luft. Zu dritt fliegen sie über die Wiese. Und so langsam findet Edgar Gefallen daran. „Hihi, das ist toll hier oben“, findet er.

„Siehst du?“, sagt Maja. „Und jetzt alleine.“

„Ich bin bereit, Maja“, sagt Edgar fest entschlossen. Eins, zwei und drei – und schon hopst er von einem gebogenen Grashalm hoch in die Lüfte. „Jippieh“, ruft er nach unten. „Seht mal, wie ich allein fliege ...“

Doch weiter kommt er nicht: In diesem Moment prallt etwas großes Rotes gegen seinen Kopf. Taumelnd stürzt Edgar zu Boden. Und das rote Etwas gleich mit ihm: Es ist eine Himbeere! Schon kommen die Besitzer anmarschiert. Es ist Paul mit seiner Ameisenarmee.

„He, Paul!", ruft Maja entrüstet, „was macht ihr denn da? Warum schleudert ihr Himbeeren durch die Luft?"

„Hallo, Maja", sagt Paul. „Wir testen unser neues luftgestütztes Transportsystem. Wenn niemand im Weg ist, funktioniert es prima."

Die nächste Himbeere fällt vom Himmel – und löst den Mechanismus mit gespannten Grashalmen aus, den die Ameisen gebaut haben. Die andere Himbeere fliegt wie eine Kanonenkugel samt Maja und Edgar hoch in den Himmel.

„Ups", macht Paul. „Blinde Passagiere an Bord." Entschuldigend zuckt er mit den Schultern.

Unsanft landen Edgar und Maja auf einem Pilz, von dem Edgar in eine Blüte katapultiert wird und dort stecken bleibt.
Als er sich wieder befreit hat, sagt er traurig zu Maja: „Ich bin und bleibe eine Pechbiene. Und dir bringe ich auch Pech."
Maja schüttelt den Kopf. „Also, mir hat der Flug richtig Spaß gemacht! Wollen wir jetzt etwas Ruhiges machen?"
Maja und Edgar machen es sich auf einem Ast an einem kleinen Teich gemütlich.
„Hier ist es schön ruhig und friedlich, oder?", meint Maja.
„Ja, aber das wird nicht lange so bleiben, glaube mir", ist Edgar sich sicher. „Gleich passiert wieder irgendwas."
Willi hält derweil ein kleines Schläfchen ab.
Da entdeckt Maja in der Nähe etwas Spannendes: Das ist der Eingang zu einem Regenwurmloch! „Komm mal her, Edgar", sagt Maja. „Da vorne ist ein Tunnel von Max. Huhu, Max, bist du da?"
Doch es ist nicht Max, der plötzlich vor den drei Bienen auftaucht.
Es sind die Wespen Motz, Rempel und ihr Chef Piekser!

„Wer schreit hier so?", schimpft Piekser. „Ich habe tief und fest geschlafen!"
Oh nein, schnell weg! In einer wilden Verfolgungsjagd versuchen die kleinen Bienchen, die Wespen abzuhängen. Doch Edgar ist nicht schnell genug! „Ich Pechbiene", murmelt er verängstigt.
Da hat Maja eine Idee: „Ihr fliegt weiter", sagt sie zu Willi, „und ich lenke sie ab."
Sie schlägt einen Haken, die Wespen kommen durcheinander – und krachen im vollen Flug ineinander. Benommen fallen sie auf den Boden. Geschafft!
„Puh", sagt Maja. „Das war knapp."
Aber Edgar sitzt traurig auf einem Blatt. Tränen laufen ihm über die Bienenwangen.
„Was hast du denn?", fragt Maja überrascht. „Es ist doch alles gut gegangen. Wir haben Glück gehabt, Edgar."
„Nichts ist gut gegangen", schnieft Edgar. „Ich wurde von Wespen verfolgt, von einer Stinkekugel überrollt und von Himbeeren getroffen. Deshalb möchte ich zurück zum Bienenstock." Er seufzt. „Ich ziehe das Pech an wie eine Miefkugel die Fliegen, und jeder, der mit mir zusammen ist, hat auch Pech."
Maja überlegt. Dann sagt sie: „Na, dann los, Edgar. Fliegen wir zurück zum Stock."

Auf dem Rückweg kommen die Bienen an wunderschön blühenden Blumen, saftigen Grashalmen und einem Teich mit Seerosen vorbei.

„Ihr habt recht, die Wiese ist schön“, sagt Edgar. „Schade nur, dass sie nichts für mich ist.“

„Dann schau doch mal, ob das was für dich ist“, sagt Willi und albert herum, um Edgar aufzuheitern: Er fliegt vor und zurück, macht Loopings und düst in einen hohlen Ast hinein, der am Boden liegt. Durch ein Loch auf der Oberseite hüpft er heraus und wieder rein. Maja gesellt sich zu ihm und tobt mit herum.

„Hihi, ihr seid lustig“, sagt Edgar in der Luft. Während er sich vor Lachen den Bauch hält, stößt er versehentlich gegen einen Apfel. Der Apfel fällt vom Baum, trifft den hohlen Ast, und der Ast kugelt mit Maja und Willi darin auf den See zu. Nur ein dicker Stein, der im Weg liegt, hält ihn auf: Boing!

Blitzschnell ist Edgar beim Ast. „Maja, Willi? Ist alles in Ordnung? Oje, oje …"
„Uns ist nichts passiert", dröhnt es da dumpf aus dem Ast. „Stimmt's, Willi?"
„An den Seiten kommt man nicht rein", sagt Edgar, der die Oberfläche des Astes von allen Seiten betrachtet.
„Und das große Loch ist jetzt auf dem Boden", ergänzt Willi.
Es hilft also nichts. Edgar muss den Ast anheben. Aber …
„Das schaffe ich nicht", jammert er. „Es ist zu schwer."
„Du musst eine Wippe bauen", schlägt Maja aus dem Inneren vor. „Mit einem Zweig."
Mit aller Kraft schleppt Edgar einen Zweig heran und schiebt ihn unter den Ast. „Drück ihn erst nach unten", gibt Maja aus dem Ast heraus Anweisungen. „So doll, wie du kannst."
Gesagt, getan. Wie auf einer Wippe hüpft Edgar auf dem Ende des Zweiges so feste auf und ab – bis der Zweig abbricht, und Edgar zu Boden purzelt. Hoppla!
„Allein schaffst du es nicht", stellt Maja fest. „Such Ben und hol ihn her."
Edgar ist fassungslos. „Den mit dem Miefball? Ich allein??"
„Es geht nicht anders, Edgar. Los, trau dich", ermutigt Maja ihn.
„Ich würde ja mitkommen", meint Willi, „aber ich stecke fest."
„Und wenn ich jetzt noch größeres Pech habe und es nicht schaffe, Hilfe zu holen?", denkt Edgar laut. Doch dann sagt er entschieden: „Egal. Ich finde schon einen Weg."

Entschlossen, Hilfe zu finden, saust Edgar los. Da hört er plötzlich Stimmen und versteckt sich blitzschnell hinter einem dicken Pflanzenstängel.
„Die können sich doch nicht in Luft aufgelöst haben", dröhnt da auch schon Piekser, die Wespe.
Zitternd macht sich Edgar hinter dem Stängel ganz dünn, während die Wespen die Umgebung absuchen. Aber sie entdecken ihn nicht und ziehen schließlich ab.
„Puh", sagt Edgar zu sich selbst, „was für ein Glück!" Er hält einen Moment inne. „Hab ich eben Glück gesagt?"
Und da geht ja auch schon Ben mit seiner Mistkugel spazieren. Na, wenn das mal nicht gleich doppeltes Glück ist!

Mittlerweile wird es dunkel, und Maja und Willi sitzen immer noch fest.
„Wer ist denn jetzt die Pechbiene, bitte schön?", mault Willi. „Ich habe solchen Hunger, und hier drin wächst kein Blümelein."
„Wir schaffen das schon, Willi", beruhigt Maja ihren Freund. Und tatsächlich – auf einmal hören sie Stimmen.

„Da unten muss der Baumstamm sein.“
Das ist Edgar!
„Und seht mal, wen ich mitgebracht habe“, sagt Edgar.
Schon schaut auch Ben durch das Guckloch im Ast zu Maja und Willi hinein. „Sieh mal einer an“, grinst er. „Na, so ein ...“
„Pech“, ergänzt Willi. „Können wir jetzt über was anderes reden?“
„Edgar, du hast es geschafft“, sagt Maja begeistert. „Du hast Ben gefunden!“
Edgar sieht Ben an und zeigt auf den Zweig, der immer noch als Hebel unter dem Ast klemmt. „Zusammen schaffen wir das.“
Gemeinsam drücken die beiden mit aller Kraft den Zweig herunter. Und es funktioniert: Ganz langsam setzt sich der dicke Ast in Bewegung. Gerade rechtzeitig, als die Lücke groß genug ist, fliegen Maja und Willi hinaus. Der Zweig schnellt nach oben und katapultiert Edgar in die Luft. Er überschlägt sich mehrmals, bevor er auf einem Seerosenblatt landet.
Aber was ist das? Er sieht gar nicht betrübt aus! Im Gegenteil. „Habt ihr das gesehen?“, jubelt er. „Ich bin auf einem Seerosenblatt gelandet!“ Er lacht. Dann singt er: „Ich bin ein glückliches Bienchen. Ich bin ein Glücksbienchen!“
Überrascht schauen sich Ben, Willi und Maja an. Dann lächeln sie. Edgar musste nur an sich selbst glauben. So ist aus einer kleinen unglücklichen Pechbiene eine glückliche Glücksbiene geworden.

Libellen-Luftpost

Eine Libelle schwirrt über die Klatschmohnwiese. Sie trägt ein schweres Paket und murmelt aufgeregt vor sich hin. „Regel Nummer 1: Zustellung unbedingt vor Sonnenuntergang, Regel Nummer 2: Paket immer persönlich übergeben, Regel Nummer 3: Spinnen bekommen Wurfsendung ins Netz." Sie wirft einen Blick auf die Karte, die auf dem Paket aufgemalt ist. „Ah ja. Da lang." Dann ruft sie laut: „Libellen-Luftpost! Li-Lu-Po!"
Ein Stückchen weiter hopsen Maja und Willi fröhlich auf Farnzweigen wie auf einem Trampolin.
„Das könnte ich den ganzen Tag machen", ruft Maja und lacht.

Willi lässt sich auf ein Farnblatt plumpsen und schließt zufrieden die Augen. „Ich hab heute Morgen schon einen ganzen Haufen Orchideenpollen gefrühstückt. Den müsstest du probieren, Maja."

„Ach so, du hast dir schon den Bauch vollgeschlagen." Deshalb hat ihr Freund heute so gute Laune! Maja grinst.

„Achtung, Li-Lu-Po, Libellen-Luftpost", hören sie da jemanden laut rufen, und schon saust die Libelle zwischen ihnen hindurch. Auch sie landet auf einem Farnblatt und springt Trampolin – allerdings nicht freiwillig. Unsanft wird sie auf den Boden geschleudert und bleibt reglos liegen.

„Ui, eine Libelle", sagt Willi erschrocken. „Komm lieber weg hier, Maja! Schnell!"

Aber Maja macht sich Sorgen. „Vielleicht hat sie sich die Flügel verknackst", vermutet sie und fliegt zu der Libelle hinunter, um ihr zu helfen.

Die Libelle rappelt sich gerade mühsam auf und reibt sich den Kopf.

„Alles in Ordnung?", fragt Maja. „Kannst du fliegen?"

„Ja", antwortet die Libelle immer noch etwas benommen. „Aber mein Paket ... wo ist es hin?"

Oh nein, sie muss es wohl beim Sturz verloren haben! Verzweifelt blickt sie sich um.

„Können wir dir helfen?", fragt Maja die Libelle freundlich und stellt sich und Willi vor.
Willi winkt ängstlich hinter einem Ast hervor. „Hallöchen!"
Die Libelle steht stramm und sagt: „Franzi – Fliegender Bote für die Libellen-Luftpost. Also fast, ich bin noch in der Ausbildung!"
„Oh, da kommt man bestimmt viel herum", sagt Maja voller Bewunderung.
„Aber ja, also äh ... das hoffe ich ...", stammelt Franzi. „Vielleicht auch nicht. Das ist nämlich mein erstes Paket. Und jetzt habe ich es gleich verloren." Sie seufzt. „Das geht ja gut los. Bestimmt darf ich nie wieder was zustellen." Traurig verbirgt sie ihr Gesicht in den Händen.
„Wir helfen dir suchen", verspricht Maja. „Nicht wahr, Willi?" Ihr Freund hat sich inzwischen hinter dem Ast hervorgetraut, aber begeistert ist er nicht. Die Libelle ist immerhin ungefähr doppelt so groß wie die kleinen Bienen! Er druckst ein wenig herum, stimmt aber schließlich halbherzig zu. Wenn Maja sich etwas in den Kopf gesetzt hat, kann man sie sowieso nicht aufhalten.

„Oh, das wäre aber nett“, ruft Franzi auf einmal voller Tatendrang. Sie fliegt zwischen den Stängeln umher und hält Ausschau nach dem Paket. Dabei murmelt sie wieder leise vor sich hin: „Regel Nummer 25: Niemals das Paket aus den Augen verlieren! Oje, oje, oje …“

Maja folgt ihr. Das Paket muss hier doch irgendwo sein! Sie werden es schon finden.

Willi glaubt auch, dass die beiden das Paket finden werden. Er hingegen wird jetzt erst mal eine Pause machen. Die letzte ist schon viel zu lange her. Gemütlich bettet er seinen Kopf auf einem Paket, das in grüne Blätter gewickelt ist.

Moment mal, ein Paket? Als Maja das sieht, zieht sie es dem protestierenden Willi unter dem Kopf weg und ruft: „Franzi! Ist das dein Paket?“

„Oh, das ist es!", ruft Franzi glücklich. „Ich bin gerettet. Danke!" Sie schnappt sich ihr Paket und will davonflattern, doch kurz darauf schießt sie schon wieder zu den beiden Bienenkindern hinunter. „Die Karte", ruft sie. „An das Paket war eine Karte gebunden. Da steht die Adresse drauf, an wen ich liefern soll. Oje, oje oje ..."

Nachdenklich tippt Maja sich mit dem Finger ans Kinn. „Hmmm." Sie sieht sich um. Wenn das Paket hier heruntergefallen ist, kann die Karte ja nicht weit sein.

Und wirklich. Ganz in der Nähe liegt ein beschriftetes Blatt unter den Gräsern.

„Ist sie das?", fragt Maja. „Da steht kein Name – nur eine Krone und ein X."

„Was, nur ein X?", ruft Franzi entsetzt. „Oh nein, ich habe vergessen, den Namen aufzuschreiben. Wer war das noch mal? Oje, oje, die Bienenkönigin hat's mir doch persönlich gesagt!"

„Das Paket ist von unserer Königin?“, fragt Maja nach. „Vielleicht ist es für den anderen Bienenstock am Sonnenstein.“
Franzi stöhnt. „Nein, es war irgendwas mit A ... glaube ich.“
Willi hat eine Idee: „Vielleicht ist das Paket für mich! Die Königin nennt mich manchmal auch Walli, mit A.“ Er schnüffelt am Paket und nickt zufrieden. „Riecht gut.“
Maja ist nicht überzeugt. „Zeig doch noch mal die Karte“, sagt sie zu Franzi und schaut sie mit Willi zusammen an. „Die Krone ist also der Bienenstock“, stellt sie fest.
„Dann liegt das X am Teich“, ergänzt Willi.
„Hm, mit A ...“, überlegt Maja weiter. „Lara vielleicht?“
„Lara hört sich gut an“, sagt Franzi erleichtert. „Hat gleich zwei As. Und los!“ Wieder will sie aufbrechen, wieder kehrt sie sofort zurück. „Äh, wer ist Lara?“, fragt sie.

Maja und Willi bringen die Luftpost-Libelle zu Marienkäfermädchen Lara. Sie scheint wirklich ein Paket zu erwarten – zumindest behauptet sie das.

Aber Maja hat ein komisches Gefühl und fragt nach, von wem das Paket denn kommen soll. Von Laras Tante? Das kann nicht stimmen, sie wissen ja längst, dass die Bienenkönigin es geschickt hat. Lara wollte wohl nur die Gelegenheit nutzen. Wer bekommt schließlich nicht gern Pakete? Besonders, wenn sie so gut riechen wie dieses.

„Ach, ich will gar kein Paket“, behauptet Lara jedoch, als sie merkt, dass Maja ihr auf die Schliche gekommen ist.

Franzi und die Bienenkinder müssen weitersuchen.

Traurig setzt die Libelle sich auf einen Ast. „Aus mir wird nie eine gute Botin“, sagt sie schluchzend.

„Machen wir das Paket doch auf“, schlägt Maja vor. „Wenn wir sehen, was drin ist, finden wir vielleicht raus, für wen es ist.“

Willi findet das eine gute Idee. „Und wenn nicht, können wir es selber aufessen. So lecker, wie das riecht ...“

„Oh nein“, sagt Franzi sofort. „Regel Nummer 89 besagt, dass nur der Empfänger das Paket öffnen darf. Ich habe zwar vergessen, wer das ist, aber er kann sich voll und ganz auf mich verlassen. O ja, das kann er.“

„Wer wohnt denn noch am Teich und hat ein A in seinem Namen?“, grübelt Maja.

Doch die Einzige, die ihr einfällt ist: Thekla.

Schon beim Gedanken an sie fängt Willi an zu zittern.

Und auch Franzi ist entsetzt, als sie bei Thekla ankommen: „Eine Spinne?“, fragt sie erschrocken und rattert sofort die dazugehörige Regel hinunter: „Aus Sicherheitsgründen dürfen wir Spinnen ihre Pakete nicht persönlich übergeben, sondern nur ins Netz werfen.“

Na, hoffentlich ist Frau Thekla damit einverstanden!

„Thekla ist nie mit etwas einverstanden“, sagt Maja. „Außer sie schläft.“ Und das tut sie im Moment. Aber um das Paket zu übergeben, müssen die Freunde sie wecken.
Franzi räuspert sich. „Äh, hallo, Frau, Frau Sp-Spinne. Äh, Thekla. Die Li-Lu-Po ist da!“, ruft sie nach oben ins Spinnennetz.
„Wer?“, fragt Thekla unwirsch. „Unverschämtheit, meinen Mittagsschlaf zu stören!“ Na, das geht ja schon mal gut los!
Franzi will ihr das Paket hochwerfen, aber Thekla besteht darauf, dass sie es ihr bringt – egal, ob das gegen die Regeln ist.
Franzi zögert. Sie darf sich auf gar keinen Fall im Spinnennetz verfangen!
„Flieg von oben ans Netz heran. Und dann lässt du das Paket ganz vorsichtig herab“, schlägt Maja vor.
„Mach schon. Bist wohl eine lahme Ente und keine Eilbotin, was?“, höhnt Thekla und lacht.

„Halte auf alle Fälle eine Flügellänge Abstand. Das schaffst du schon, Franzi“, versucht Maja, die Libelle aufzumuntern. „Und das bei meinem ersten Auftrag!“ Franzi seufzt. Dann nimmt sie ihren Mut zusammen und schwebt hinauf zu Thekla. „Regel Nummer 107: Zeige nie, dass du Angst hast“, murmelt sie.
„Oh nein!“, ruft Maja unten am Boden. „Franzi macht die Augen zu. Hoffentlich fliegt sie nicht ins Netz!“
„Ich mach auch die Augen zu“, sagt Willi. Sicher ist sicher.
Franzi möchte alles richtig machen, aber sie hat einfach zu viel Angst vor der Spinne. Denn die will nicht nur das Paket, sondern die Botin gleich mit. Vor lauter Panik lässt Franzi das Paket fallen. Es trifft Thekla am Kopf und landet dann auf dem Boden.
„Probier's noch mal, Franzi“, sagt Maja. „Aber diesmal lass die Augen offen.“
„Ja, wenigstens eins“, fügt Willi hinzu. „Das andere darf Angst haben.“
Und tatsächlich: Beim zweiten Versuch klappt es ganz hervorragend. Franzi wirft das Paket genau in Theklas Arme – und bekommt es direkt zurück. „Das ist nicht mein Geschmack“, murrt Thekla und dreht sich um.
„Der ganze Mut umsonst“, klagt Franzi. Aber wenn das Paket auch nicht für Thekla ist – für wen ist es dann?

„A wie ... Ameisen!“, ruft Maja. Ja, das muss es sein! Warum sind sie nicht gleich darauf gekommen? Sofort machen die drei Freunde sich auf den Weg.

Bald finden sie die Ameisenarmee, die wie immer fleißig arbeitet und trainiert.

„Ist Paul da?“, fragt Maja. Das Paket ist bestimmt für den Generalchef.

„Er ist mit den neuen Rekruten beim Geschicklichkeits-Krabbeln“, sagt eine Ameise und zeigt in die Richtung.

Maja fliegt gleich los. „Ich hol ihn! Ihr könnt hier warten.“

Das findet Willi eine gute Idee, denn es ist längst Zeit für das nächste Schläfchen.

Schon von Weitem hört Maja Pauls Anweisungen. „Hier wird nicht pausiert – alles läuft wie geschmiert! Das kann schneller gehen! Nicht schlappmachen!“ Oje, die neuen Rekruten müssen wohl noch viel lernen!

„Hallo, Paul!“, ruft Maja und kommt gleich zur Sache. „Erwartest du vielleicht ein Paket?“

„Und ob, Maja“, erwidert Paul. „Und zwar äußerst dringend. Ich trainiere gerade neue Rekruten und sie brauchen ganz dringend Helme.“

In diesem Moment stößt sich einer der helmlosen Rekruten den Kopf. Paul stöhnt auf. „Da hast du's."
„Wir haben da ein Paket, aber ...", fängt Maja an, als sie Franzis Rufe hört.
„Gib es zurück!" Die Ameisenarmee hat sich übereifrig das Paket geschnappt, um es abzutransportieren. „Regel Nummer 234: Unbefugten Insekten ist es nicht erlaubt, das Paket zu übernehmen." Franzi schnappt sich das Paket und fliegt höher und höher, doch die Ameisen lassen nicht los und hängen samt Paket unter der Libelle – bis sie sich schließlich nicht mehr halten können und alle hinunterpurzeln. Genau vor die Füße von Generalchef Paul, der inzwischen herbeigeeilt ist.
Endlich kann Franzi ihr Paket ordentlich überreichen. „Libellen-Luftpost", sagt sie stolz und übergibt es an Paul. „Die Nummer 1 für Post von Wiese zu Wiese! Wir liefern zu jeder Zeit an jeden Ort!"
Paul rüttelt das Paket prüfend und schüttelt den Kopf. „Das ist zu leicht", stellt er fest. „Das sind nicht meine Helme. Dieses Paket ist nicht für mich, junge Libelle. Sie haben sich in der Adresse geirrt."
Enttäuscht nimmt Franzi das Paket zurück. Was nun?

Inzwischen hat Willi sein Schläfchen beendet. Er gähnt. „Warum fragen wir nicht einfach die Königin, für wen das Päckchen ist?"
„Zurück zum Absender?", fragt Franzi leise. „Das darf einer Botin nicht passieren."
„Aber sonst wissen wir nicht, für wen es ist", sagt Maja. Und da hat sie natürlich recht.
Also nimmt Franzi die beiden Bienenkinder auf den Rücken und saust mit ihnen zum Bienenstock. „Und wenn die mich nicht mehr wollen, dann fange ich einfach bei der Schneckenpost an."
Maja und Willi genießen den wilden Ritt über die Klatschmohnwiese. Was für ein Spaß!
Als sie beim Bienenstock landen, dämmert es bereits.
Die Bienenkönigin kommt heraus. „Hallo, Maja", sagt sie freundlich. Und dann fügt sie hinzu: „Ach, auf die Li-Lu-Po ist Verlass. Du hast dein Paket also bekommen?"
„Mein Paket?", fragt Maja überrascht.
„Als kleines Dankeschön, weil du uns immer hilfst, Maja. Hast du es noch nicht aufgemacht?"

Franzi bekommt große Augen. Ob Maja ihr Missgeschick verraten wird?
Natürlich nicht! In der Not sind kleine Ausreden erlaubt. Deshalb sagt Maja schnell: „Ich habe Willi versprochen, dass wir es zusammen aufmachen. Und Franzi von der Li-Lu-Po war so freundlich, es uns hierherzubringen."
Willi zwinkert Franzi zu, und die stellt das Paket vor der rechtmäßigen Empfängerin ab.
„Das ist Orchideenpollen", sagt die Königin, während Maja es auswickelt. „Ich hoffe, er schmeckt dir."
„Oh! Der riecht ja wunderbar", schwärmt Maja. „Vielen, vielen Dank, Frau Königin!"
Und Willi sagt grinsend: „Also dieses Päckchen hätte ich Maja auch bringen können."
Doch das wollte die Königin anscheinend lieber nicht riskieren. „Nun, du hast dir heute früh schon genug Mühe gemacht, die andere Hälfte zu vernaschen, Willi", sagt sie und lacht freundlich.
„Das Paket ist tatsächlich an die richtige Adresse gekommen", jubelt Franzi. „Danke für Ihren Auftrag! Die Libellen-Luftpost, die Nummer 1 für Post von Wiese zu Wiese, liefert zu jeder Zeit an jeden Ort! Und ich ab jetzt jeden Tag! Juhu!"

Eine Überraschung für Maja

Auf der Klatschmohnwiese ist ganz schön was los. Willi, Mistkäfer Ben, Schnecke Rufus und Regenwurm Max stehen zusammen und tuscheln aufgeregt. Sie planen eine große Überraschung für Maja. Streng geheim natürlich!

„Na, die wird sich freuen“, sagt Ben gerade.

„Ich hoffe, ich verrate ihr nichts“, sorgt Max sich.

„Keiner darf was verraten“, sagt Willi eindringlich.

„Hey, aber mir schon“, mischt sich eine Stimme aus der Luft ein. „Was habt ihr vor?“

Die vier Freunde zucken zusammen.

„Ach, du bist es", sagt Willi erleichtert, als er Fliege Walter erkennt. „Wir dachten, du wärst Maja."
„Wir wollen sie nämlich überraschen", erklärt Max. „Aber psst. Sie kriegt heute Geschenke. Die Schaukel da, die haben Rufus und ich für sie gemacht." Er zeigt auf eine wunderschöne, mit Blüten geschmückte Schaukel aus Wurzeln und Stängeln hinter ihnen.
„Alles Handarbeit, obwohl wir beide keine Hände haben", ergänzt Rufus mit gereckten Fühlern. „Das hat mich ganz schön Schleim gekostet. Mir schenkt keiner was", fügt er grummelig hinzu.
„Oh, das ist toll!", ruft Walter und lässt sich gleich in die Schaukel plumpsen. Doch die federt etwas zu sehr und katapultiert ihn sofort wieder hinaus.
„Oh, Walter, Entschuldigung", sagt Max betreten. „Ich hab wohl was falsch gebaut."
„Und ob. Ich hätte es jedenfalls besser gemacht", behauptet Walter. Dann fragt er: „Und du, Willi? Hast du auch etwas für Maja gebastelt?"
Willi druckst ein bisschen herum. „Also, ich möchte ihr die Sonne schenken", sagt er dann.
Walter lacht. „Die Sonne? Wie willst du das denn machen? Die Überraschungsfeier ist doch abends, wenn es dunkel ist." Er selbst wird Maja einen Spezial-Überraschungs-Picknick-Mistball schenken. Mistball-Experte Ben ist natürlich dabei.
Willi denkt weiter über sein Geschenk nach. Das mit der Sonne ist am Abend wirklich schwierig. „Dann schenk ich ihr eben die Sterne. Oder einen Stern. Einen besonderen. Eine Sternschnuppe!", ruft er glücklich. „Dann kann sie sich etwas wünschen und bekommt alles, was sie möchte."

Wow! Die anderen sind beeindruckt. Was für eine schöne Idee! Willi bleibt keine Zeit zu überlegen, woher er die Sternschnuppe eigentlich bekommen soll, denn in diesem Moment hören sie Majas Stimme. „Willi!", ruft sie. Schnell verstecken die Freunde sich. Nur Rufus bleibt zurück. Schnecken sind nun mal nicht so schnell. „Ja, lasst mich ruhig alleine, wie immer", murrt er. Aber auch Ben und Walter mit ihrem Mistball kommen nicht weit, bevor Maja sie entdeckt.

„Habt ihr Willi gesehen?", fragt Maja.

Die beiden prusten und kichern. Jetzt müssen sie gut aufpassen! Nichts verraten!

„Der ist bestimmt im Bienenstock", sagt Ben schließlich. „Am besten fliegst du mal hin."

„Lass dir ruhig Zeit!" Walter lacht. Er ist richtig stolz auf ihr Ablenkungsmanöver. Während Maja zum Bienenstock fliegt, können sie in Ruhe die Überraschung vorbereiten. Schnell rollen die beiden mit ihrem Mistball davon.

Aber Maja fliegt nicht zum Bienenstock. Sie entdeckt Rufus am Boden. „Ben und Walter sind heute aber komisch", sagt sie zu ihm. „Ist irgendwas?"

„Nein, was soll schon sein", sagt Rufus. Und auch er hat eine Idee, um Maja abzulenken. Er stöhnt auf. „Wie das juckt unterm Dach", jammert er.

Maja muss lachen.

„Du weißt ja nicht, wie das ist“, meckert Rufus. „Es ist nicht lustig, wenn man keine Arme hat.“
Da hilft Maja ihrem Freund natürlich und kratzt ihn mit einem Ast.
Doch sie wäre nicht Biene Maja, wenn sie einfach vergessen würde, dass es ein Geheimnis zu ergründen gibt.
„Jetzt sag mir, was hier los ist, sonst kitzle ich es aus dir heraus“, droht sie scherzhaft und fängt auch sofort damit an.
Rufus lacht und windet sich. „Hör auf. Nicht, Maja! Du weißt doch, ich bin kitzelig! Ich hab versprochen, nichts zu verraten. Schnecken halten ihr Versprechen.“ Dann wird er ganz still. „Oh nein. Jetzt hab ich verraten, dass ich nichts verraten darf.“ Damit zieht er sich in sein Schneckenhaus zurück und lässt Maja allein.
Sie hat es doch gewusst: Die anderen haben wirklich ein Geheimnis. Na, das wird sie schon noch herausbekommen!

Willi hat in der Zwischenzeit Grashüpfer Flip getroffen und berät sich mit ihm.

„Ihr müsst Maja ablenken, damit sie nicht merkt, dass ihr etwas plant“, sagt Flip.

Das versuchen sie ja! Aber es ist gar nicht so leicht.

„Ja, ich muss ganz schön viel vorbereiten“, sagt Willi und berichtet Flip von seinem Plan: „Ich möchte Maja nämlich eine Sternschnuppe schenken. Dann hat sie einen Wunsch frei.“

Auch Flip findet die Idee ganz wunderbar – doch wie will Willi das hinbekommen? „Sternschnuppen fallen vom Himmel, wann sie wollen“, sagt Flip.

„Oh, das weiß ich doch“, sagt Willi ein bisschen beleidigt. „Deshalb muss ich ja so viel vorbereiten.“

„Kannst du ihr nicht etwas Einfacheres schenken?“, schlägt Flip vor. „Ein hübsches Blütenblatt? Oder ein Picknick?“

Nein, das kann Willi nicht. „Maja liebt die Sterne, wenn sie funkeln. Und ganz besonders Sternschnuppen", erklärt er. Und deshalb wird er seiner Freundin eine Sternschnuppe schenken. Egal, wie unmöglich das klingt.

Nachdenklich schwirrt er los. Und saust gleich wieder zurück zu Flip. „Jetzt weiß ich, wie ich's mache", ruft er aufgeregt. „Eine echte Maja-Idee. So klappt's. Hurra, das ist es!" Und bevor Flip nachfragen kann, was genau denn seine Idee ist, ist er im Eiltempo losgeflitzt.

„Hm, ich bin gespannt", sagt Flip leise zu sich selbst und schnappt sich seine Geige, um ein Ständchen für Majas Überraschungsparty einzuüben.

Rufus und Max überlegen ebenfalls. Wie sollen sie nur verhindern, dass Maja zu früh von ihrer Überraschung erfährt?
„Klar, ich bin's natürlich, der's verraten hat", sagt Rufus finster. „Was soll's. Wir müssen Maja auf 'ne andere Spur bringen und zwar bis zum Abend. Aber die Frage ist: Wie machen wir das?"
Max kichert. „Ich weiß was. Sie spielt doch gern Verstecken."
Das ist eine tolle Idee, um Maja auf andere Gedanken zu bringen. Und Spaß macht es außerdem.
Max legt gleich los. „Maja, such mich doch!", ruft er. Als sie angeflogen kommt, schlüpft er in ein Erdloch. Er kriecht regenwurmschnell durch den Tunnel und streckt kurz danach den Kopf aus einem Loch auf der anderen Seite der Lichtung.
„Hier bin ich!" Wieder taucht er ab.

Maja beobachtet ihn aus der Luft und versucht ihn zu schnappen, aber solange er unter der Erde bleibt, hat sie keine Chance. Sie kichert. Den kriegt sie schon noch! Wenn nicht beim Verstecken, dann eben beim Fangen. „Komm raus, wenn du dich traust, hier oben klatsche ich dich ab!"

Die Herausforderung nimmt Max natürlich an. Hin und her jagen sie sich, über Stock und über Stein, durch ausgehöhlte Baumstämme und quer über die Lichtung. Schließlich überlistet Maja den Wurm, indem sie andersherum um einen Baumstumpf schleicht und ihn so überrascht. „Hab ich dich!" Sie lacht. Und auch Max muss lachen. Fast hätte er vor lauter Spaß vergessen, dass das alles nur ein Ablenkungsmanöver ist.

Die anderen haben es nicht vergessen. „Lasst euch was einfallen. Lange kann Max sie nicht mehr hinhalten", sagt Rufus zu Ben und Walter. Und Walter hat auch schon einen Plan. Sie rollen Bens Mistball auf einem Seerosenblatt in den Teich und rufen Maja zu Hilfe.

„Nur damit sie beschäftigt ist? Niemals", protestiert Ben. „Maja kann auch dich retten, Walter."

„Eine Super-Fliege wie mich? Nein, Balli ist perfekt."

Walter lässt sich nicht davon abbringen und schiebt Ben samt Balli auf das wackelige Blatt. „Er kann nicht schwimmen."

„Na gut", lenkt Ben ein. „Maja wird uns schon retten, Balli."

„Maja!", ruft Walter. „Komm schnell zum Teich! Balli ist in Gefahr." Wenn einer ihrer Freunde in Not gerät, ist Maja sofort zur Stelle. Schnell schwirrt sie hinter Walter her. Der fliegt unauffällig zu Ben und flüstert ihm zu: „Jetzt, Ben!"

„Hilfe!", schreit Ben wie aufgefordert. „Rettet meinen Balli!"

Maja wundert sich. „Was ist denn hier eigentlich so gefährlich?", fragt sie.

„Äh, na ja, du siehst es doch", stammelt Ben. „Balli war zu stürmisch. Er ist den Abhang runtergesaust und, hops, auf das Seerosenblatt. Ich natürlich hinterher, und dann sind wir zusammen vom Ufer weg. Balli kann doch nicht schwimmen."

„Dann schieben wir das Blatt einfach zurück ans Ufer", entscheidet Maja. „Ich hole Willi. Zusammen schaffen wir das. Ist er schon aus dem Bienenstock zurück?"

Ben und Walter müssen lachen. Sie wissen ja, dass Willi gar nicht im Bienenstock ist.

„Willi?“, sagt Walter. „Nein, der will heute den ganzen Tag seine Wabe schrubben. Der ist jetzt eine richtige Arbeitsbiene.“

„Was, unser Willi?“, fragt Maja ungläubig. „Das muss ich mir ansehen. Dann schieben wir dich allein ans Ufer.“

„Wozu die Eile?“, versucht Ben, Maja von ihrem Vorhaben abzubringen. Sie müssen sie länger aufhalten, damit die anderen alles vorbereiten können. „Wir warten auf Wind, der uns wieder ans Ufer treibt. Wir haben doch Zeit bis zum Abend.“

„Ben, was ist denn mit dir los?“, fragt Maja misstrauisch. „Walter und ich schieben das Seerosenblatt ans Ufer, und du rollst Balli an Land“, entscheidet sie.

Doch bevor sie dort ankommen, taucht Willi auf. Seine Sternschnuppen-Überraschung ist inzwischen fertig. Und dann rollt Balli wirklich fast ins Wasser, und alle müssen mit anpacken, um ihn zu retten. Was für eine Aufregung! Die Freunde geben wirklich alles, um Maja eine Freude zu machen.

Endlich ist es Abend. Alle haben sich auf der Klatschmohnwiese versammelt und treffen die allerletzten Vorbereitungen. Alle außer Maja natürlich. Die weiß ja immer noch nichts von ihrer Überraschung.

Willi erklärt den anderen seinen Sternschnuppen-Trick: Wurm Max hat sich um einen Baumstamm gewickelt. So kann Ameise Paul ihn wie eine Schleuder verwenden und Glühwürmchen in den Nachthimmel katapultieren – wie Sternschnuppen!

Gerade macht Paul die Generalprobe. Da taucht Maja hinter ihm auf. Alle waren so beschäftigt, dass keiner mehr auf sie aufgepasst hat. Vor lauter Schreck lässt Paul das erste Sternschnuppen-Glühwürmchen los, und es saust hoch in die Luft.

„Zu früüüh!", ruft Willi erschrocken.

Aber Walter ist beeindruckt. „War das deine Sternschnuppe? Die war also wirklich sehr echt."

Und noch jemand ist beeindruckt: Maja. „Seht mal, wie schön“, ruft sie. „Oh, die Glühwürmchen!“
Willi schlägt die Hände über dem Kopf zusammen. Seine Überraschung! Sie ist dahin! „Oh nein. Sie hat sie erkannt! Und ich hab mir so viel Mühe gegeben.“
„Das hast du dir ausgedacht, Willi?“, fragt Maja bewundernd. „Es sieht wunderschön aus!“ Alle schauen den funkelnden Glühwürmchen-Sternschnuppen hinterher, die eine nach der anderen den dunklen Nachthimmel erleuchten.
„Schon, aber du solltest glauben, dass es Sterne sind und keine Glühwürmchen“, sagt Willi traurig. „Ich wollte dir eine echte Sternschnuppe schenken, damit du dir etwas wünschen kannst. Wünsch dir trotzdem was.“
„O ja!“, sagt Maja glücklich. Willis Überraschung ist also doch gelungen!

„Die anderen haben auch Geschenke für dich“, erklärt Willi. „Weil wir dich alle so gernhaben, Maja.“
Als Erstes zeigen Max und Rufus ihre handgefertigte Schaukel, dann rollen Ben und Walter auch schon ihren Super-Mistball heran.
„Das Hauptgeschenk“, verkündet Walter mit stolzgeschwellter Brust. „Der schönste Mistball, den die Wiese je gesehen hat.“ Maja ist zwar keine Mistball-Expertin wie Ben, aber dieser hier ist wirklich schön geworden und sogar mit Blütenblättern verziert.
„Wir möchten dir auch etwas schenken.“ Paul kommt zu ihnen hinüber. Auf den Händen balanciert er eine zart beleuchtete Pusteblume, die er langsam in den Himmel steigen lässt. Er räuspert sich. „Du hast so viel für uns gemacht, Maja, und das ist ein kleines Dankeschön.“
Alle stimmen ihm zu.

„Danke, das war wunderschön!“, sagt Maja gerührt. „Wisst ihr, was ich mir für Willis Sternschnuppe wünsche? Dass wir alle für immer Freunde bleiben!“ Wieder stimmen alle zu. Das ist wirklich ein guter Wunsch!

„Dann lasst uns alle feiern!“, ruft Flip und zückt seine Geige. Jetzt ist seine Überraschung an der Reihe.

Später am Abend sagt Willi: „Ach, Maja. Ich hätte dir ja so gern eine richtige Sternschnuppe geschenkt.“

Und weil es ein magischer Abend voller Überraschungen ist, saust genau in diesem Moment eine Sternschnuppe über den Himmel. Eine echte.

„Das war eine, Willi!“, sagt Maja verzückt. „Jetzt können wir uns etwas wünschen. Bei echten darf man nichts verraten.“

Das stimmt natürlich. Willi grinst. „Aber ich glaube, wir wünschen uns das Gleiche.“